Caligrafia

Déborah Pádua Mello Neves

Foi professora primária e, a partir de 1970, passou a publicar pelo IBEP/Companhia Editora Nacional obras didáticas dentre as quais estão: *A Mágica da Comunicação*, *A Mágica da Matemática*, *A Mágica dos Estudos Sociais e Ciências* e *A Mágica do Aprender*; *Viajando com as Palavras*, *Viajando com os Números*, *Viajando com os Estudos Sociais e Ciências*, *Viajando com o Saber*, obra adotada pela FAE; Coleção Tobogan; *Ciranda do Saber de Português*, *Matemática*, *Estudos Sociais e Ciências*; *O Livro do Saber: Português*, *Matemática*, *Estudos Sociais e Ciencias*, entre outros títulos.

Volume 5
Ensino Fundamental

3ª edição
São Paulo
2015

Coleção Eu Gosto Mais
Caligrafia 5º ano
© IBEP, 2015

Diretor superintendente	Jorge Yunes
Diretora editorial	Célia de Assis
Gerente editorial	Maria Rocha Rodrigues
Coordenadora editorial	Simone Silva
Assessoria pedagógica	Valdeci Loch
Analista de conteúdo	Cristiane Guiné
Assistente editorial	Fernanda Santos, Bárbara Odria Vieira
Coordenadora de revisão	Helô Beraldo
Revisão	Beatriz Hrycylo, Cássio Dias Pelin, Fausto Alves Barreira Filho, Luiz Gustavo Bazana, Rosani Andreani, Salvine Maciel
Secretaria editorial e Produção gráfica	Fredson Sampaio
Assistentes de secretaria editorial	Carla Marques, Karyna Sacristan, Mayara Silva
Assistentes de produção gráfica	Ary Lopes, Eliane Monteiro, Elaine Nunes
Coordenadora de arte	Karina Monteiro
Assistentes de arte	Aline Benitez, Gustavo Prado Ramos, Marilia Vilela, Thaynara Macário
Coordenadora de iconografia	Neuza Faccin
Assistentes de iconografia	Bruna Ishihara, Camila Marques, Victoria Lopes, Wilson de Castilho
Ilustração	José Luís Juhas, Imaginário Stúdio, Eunice/Conexão, João Anselmo e Izomar
Processos editoriais e tecnologia	Elza Mizue Hata Fujihara
Projeto gráfico e capa	Departamento de Arte - IBEP
Ilustração da capa	Manifesto Game Studio
Diagramação	N-Publicações

CIP-BRASIL. CATALOGAÇÃO-NA-FONTE
SINDICATO NACIONAL DOS EDITORES DE LIVROS, RJ

N425c
3. ed.

   Neves, Déborah Pádua Mello
     Caligrafia, volume 5 / Déborah Pádua Mello Neves. - 3. ed. - São Paulo : IBEP, 2015.
     72 p. : il. ; 28 cm.   (Eu gosto mais)

     ISBN 9788534244596 (aluno) / 9788534244602 (mestre)

     1. Caligrafia - Técnica. 2. Escrita. 3. Caligrafia - História. I. Título. II. Série.

15-23638   CDD: 745.61
                             CDU: 003.076

10/06/2015   17/06/2015

Impressão e Acabamento
Oceano Indústria Gráfica e Editora Ltda
Rua Osasco, 644 - Rod. Anhanguera, Km 33
CEP 07753-040 - Cajamar - SP
CNPJ: 67.795.906/0001-10

3ª edição - São Paulo - 2015
Todos os direitos reservados

Av. Alexandre Mackenzie, 619 - Jaguaré
São Paulo - SP - 05322-000 - Brasil - Tel.: (11) 2799-7799
www.editoraibep.com.br   editoras@ibep-nacional.com.br

APRESENTAÇÃO

Querido aluno, querida aluna,

Aprender a ler e escrever é uma delícia!

Vamos aprendendo, aprendendo e, de repente, sabemos ler!

Começamos a ler tudo em todos os lugares: nos cartazes de propaganda, nas placas dos carros, nos folhetos, nos rótulos, nas revistas...

Mas é preciso treinar muito para também saber escrever tudo aquilo que já aprendemos.

Esta obra foi feita especialmente para ajudá-los nessa fase de aprendizado.

Aproveitem as atividades de seu livro, enfrentem os desafios que ele traz, aprendam e divirtam-se!

Um grande abraço,

Déborah Pádua Mello Neves

SUMÁRIO

LIÇÃO		PÁGINA
1	Vamos conhecer o alfabeto da língua portuguesa	6
2	A, E, I, O, U	11
3	Encontro vocálico	13
4	Sílabas com r inicial e r com som brando	15
5	Sílabas com r pós-vocálico	17
6	Palavras com rr	19
7	Encontro consonantal	20
8	Dígrafo	24
9	Vamos estudar palavras com os dígrafos ch, lh e nh	26
10	Palavras com h inicial	28
11	Ponto de interrogação [?], ponto de exclamação [!] e reticências [...]	30
12	Parênteses [()], aspas [" "] e travessão [—]	32
13	Palavras escritas com ce e com ci	34
14	Sinais gráficos	36
15	Palavras com s inicial, s pós-vocálico e ss	40
16	Palavras com s (som de z) e palavras com z	43
17	Emprego de ge, gi/je, ji	45
18	Palavras terminadas em -oso e -osa e emprego do -am e -ão	46
19	Palavras com gue e gui	48
20	Palavras com que e qui	49
21	Palavras com qua e gua	50

22	Palavras com sc	51
23	Palavras com ditongo	53
24	Palavras escritas com l e com u	55
25	Palavras com cl	56
26	Palavras escritas com e com som de i	58
27	Palavras com u e não com o	59
28	Palavras escritas com li e som de lh	61
29	Emprego das palavras traz e atrás	62
30	Palavras homófonas	65
31	Os cincos sons do x	67
32	Contando de 1000 em 1000	70
33	Números ordinais	71

Vamos conhecer o alfabeto da língua portuguesa

O alfabeto tem 26 letras. As letras podem ser **maiúsculas** ou **minúsculas**. O alfabeto é formado de vogais e consoantes.

Observe as letras maiúsculas e as minúsculas do alfabeto.

A a	B b	C c	D d	E e	F f
G g	H h	I i	J j	K k	L l
M m	N n	O o	P p	Q q	R r
S s	T t	U u	V v	W w	X x
Y y	Z z				

ATIVIDADES

1 Leia e copie o alfabeto maiúsculo.

A B C D E F G H I J K L M N

O P Q R S T U V W X Y Z

2 Leia e copie o alfabeto minúsculo.

c d e f g h i j k l m n

o p q r s t u v w x y z

3 Leia e copie as vogais.

A a E e I i O o U u

4 Leia e copie as consoantes.

Bb Cc Dd Ff Gg Hh Jj Kk Ll Mm Nn

Pp Qq Rr Ss Tt Vv Ww Xx Yy Zz

5 Copie as palavras do quadro colocando-as em ordem alfabética.

cavalo – feita – onde – ali – havia – logo – povo – sua
valessem – mar – depois – era – windsurfe – Yuri

Letras maiúsculas e letras minúsculas

As letras **maiúsculas** são usadas no começo dos nomes próprios de pessoas, países, cidades, rios, casas comerciais etc.

As letras **minúsculas** são usadas no começo dos nomes comuns, como os nomes de objetos, flores, frutos etc.

Observe os exemplos.

nome comum	nome próprio

margarida (flor)	Margarida (pessoa)

1 Escreva três nomes:

de pessoas

de cidades

de objetos

2 Observe o código abaixo. Cada letra corresponde a um símbolo.

A = ▲	B = ✿	C = ❭	D = ◆	E = ❏	F = ✦
G = ✖	H = ✚	I = ✲	J = ■	K = ○	L = ❮
M = ❙	N = ●	O = ♥	P = ✳	Q = ❀	R = ❧
S = ❫	T = ▼	U = ✤	V = ✔	W = ❰	X = ★
Y = △	Z = ✺				

Observe, no exemplo ao lado, os símbolos que correspondem à palavra **amor**.

Agora, escreva com os símbolos seguindo o exemplo acima. Depois, escreva com sua letra.

a) duas palavras

b) seu primeiro nome

c) o nome de seu(sua) professor(a)

10 CALIGRAFIA

LIÇÃO 2
A, E, I, O, U

A, É, I, Ó Urso

– A, é, i, ó, u –
vai dizendo o professor.

A, é, i, ó Urso
continue, por favor.
A, É, I – ele esqueceu.
Só Ó e U aprendeu.

Vêm depois as consoantes,
mas isso não lhe interessa,
são letras muito **maçantes**
para um Urso que tem pressa.

R e S – ele aprendeu.
Mas as outras, esqueceu...
E o urso da escola some
sem esperar o final.
Só quis aprender seu nome
para os cartões de Natal:

                URSO

Teresa Noronha. *Cavalinho-do-mar*. São Paulo: Salesiana Dom Bosco, 1982. (Coleção Gente Nova).

VOCABULÁRIO

maçantes: cansativas, entediantes

ATIVIDADES

1 Complete as frases.

O professor vai dizendo as letras:

O urso aprendeu as letras   e   ,
esqueceu o   e achou as consoantes
muito

Das consoantes só aprendeu o

O urso só quis aprender seu   para
Urso.

2 Copie três vezes cada nome.

Anete

Elza

Ilda

Olga

Ulisses

Lição 3
Encontro vocálico

Observe.

besouro cão Lua

Nas palavras **besouro**, **cão** e **Lua** as vogais aparecem juntas. Essa união de vogais é chamada encontro vocálico.

Os encontros vocálicos são divididos em ditongo, tritongo e hiato.

Ditongo

As palavras **cadeira** e **chapéu** têm ditongos orais.

Ditongos orais: quando o som sai só pela boca.

As palavras **mão** e **mamãe** têm ditongos nasais.

Ditongos nasais: quando o som sai também pelo nariz.

ATIVIDADES

1 Observe o quadro e complete a cruzadinha com as palavras que têm encontro vocálico.

algodão – pipoca – feira – moeda – noite – hora – amei – goiaba – leite

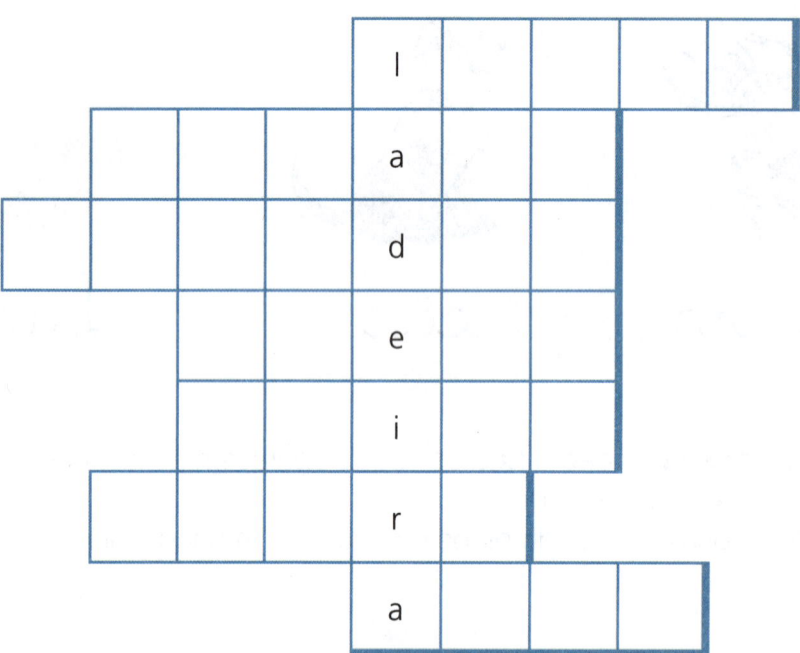

2 Separe nas colunas as palavras que têm ditongo oral das que têm ditongo nasal.

foice   tesoura   avião   leite   piões   irmãos   pães   partiu

Ditongos orais	Ditongos nasais

Sílabas com r inicial e r com som brando

Observe.

rato peru

1 Separe as sílabas das palavras.

rodapé

rapadura

rinoceronte

recado

riso

refrigerante

2 Complete as frases com os nomes dos desenhos.

Ricardo gosta de dormir na

A _____ é uma ave noturna.

Renato ouve o jogo pelo

Roberto gosta de

LIÇÃO 5

Sílabas com r pós-vocálico

Observe.

borboleta

martelo

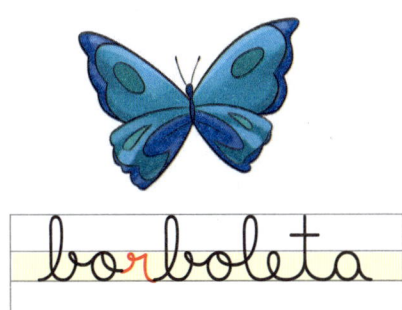

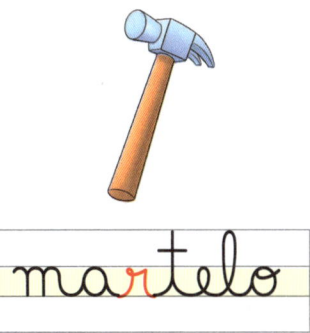

ATIVIDADES

1 Copie a frase, substituindo o desenho pelo nome correspondente.

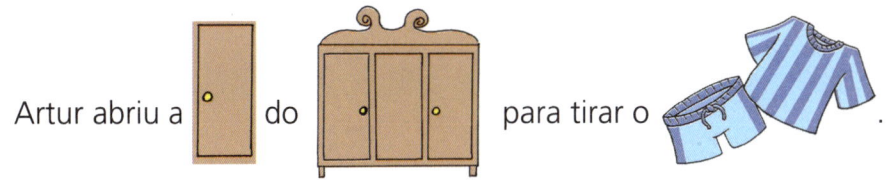

Artur abriu a do para tirar o .

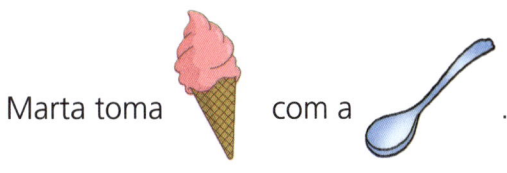

Marta toma com a .

O  está muito gordo.

2 Preencha os espaços com ditongos orais ou nasais.

l__co   f__ce   lim__   c__xca

p__xe   mam__   irm__   cac__

cad__ra   pap__   bal__   fal__

3 No caça-palavras a seguir, há palavras com **ar**, **er**, **ir**, **or** e **ur**. Encontre oito dessas palavras e, depois, copie-as.

b	n	c	s	f	j	t	u	r	m	a	s	a	b
s	p	f	o	r	m	i	g	a	c	h	o	r	x
t	c	a	r	t	e	i	r	o	h	t	l	g	i
h	j	d	v	g	j	l	n	q	o	m	f	o	q
k	l	n	e	h	u	r	s	o	y	z	x	l	n
c	a	r	t	a	w	m	p	r	s	a	p	a	o
m	p	v	e	r	d	e	t	v	x	q	a	g	j

Palavras com rr

Observe.

beterraba   burro

 **ATIVIDADE**

Separe as sílabas das palavras.

marreco	barriga

corrida	bezerro

derrubou	marrom

LIÇÃO 7 — Encontro consonantal

Encontro consonantal é a reunião de duas ou mais consoantes seguidas em uma palavra.

Encontro consonantal na mesma sílaba

Observe.

blu-sa

cra-vo

Copie as palavras duas vezes.

br bruxa

cl bicicleta

dr dragão

fl flor

fr frutas

 gl globo

 gr gravata

 tl atleta

 tr trem

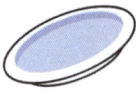 pr prato

 pl planta

 vr livro

Encontro consonantal em sílabas separadas

Observe.

sub-ma-ri-no

cac-to

ATIVIDADES

1 Separe as sílabas das palavras.

digno

submarino

advogado

cacto

ritmo

helicóptero

admirar

adjetivo

2 Observe as palavras com encontro consonantal e escreva-as na linha correspondente.

globo – livro – fraco – estrela – flâmula – atleta – ladrão – pneu – psiu
primo – crina – grosso – cloro – brinco – planeta – bloco

bl

gr

br

pl

cl

pr

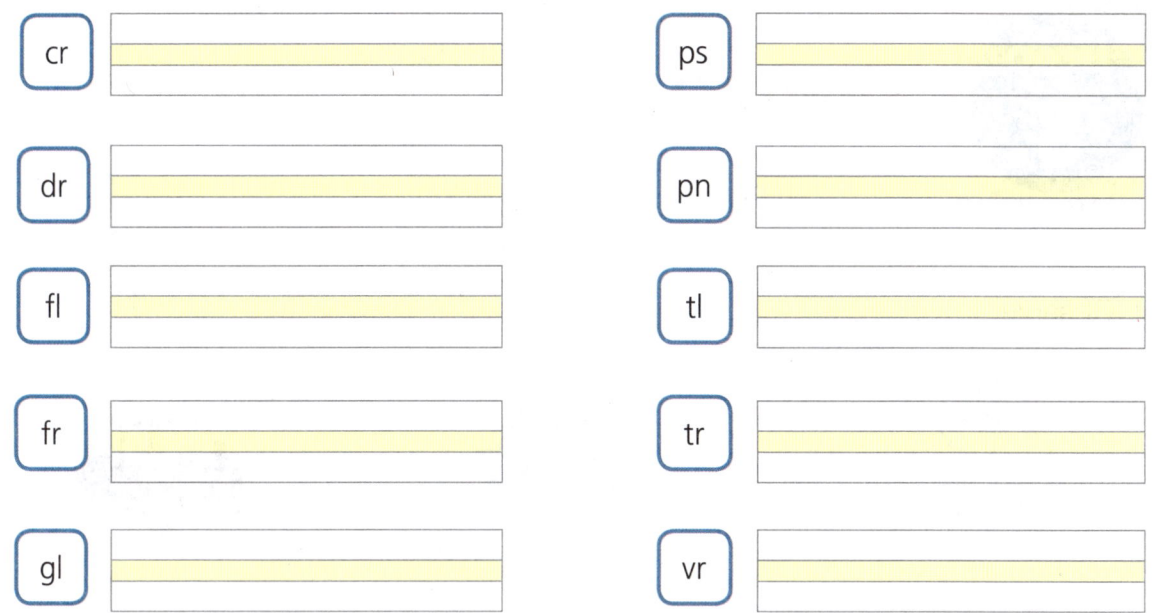

3. Complete a cruzadinha usando palavras com encontro consonantal, observando as imagens correspondentes.

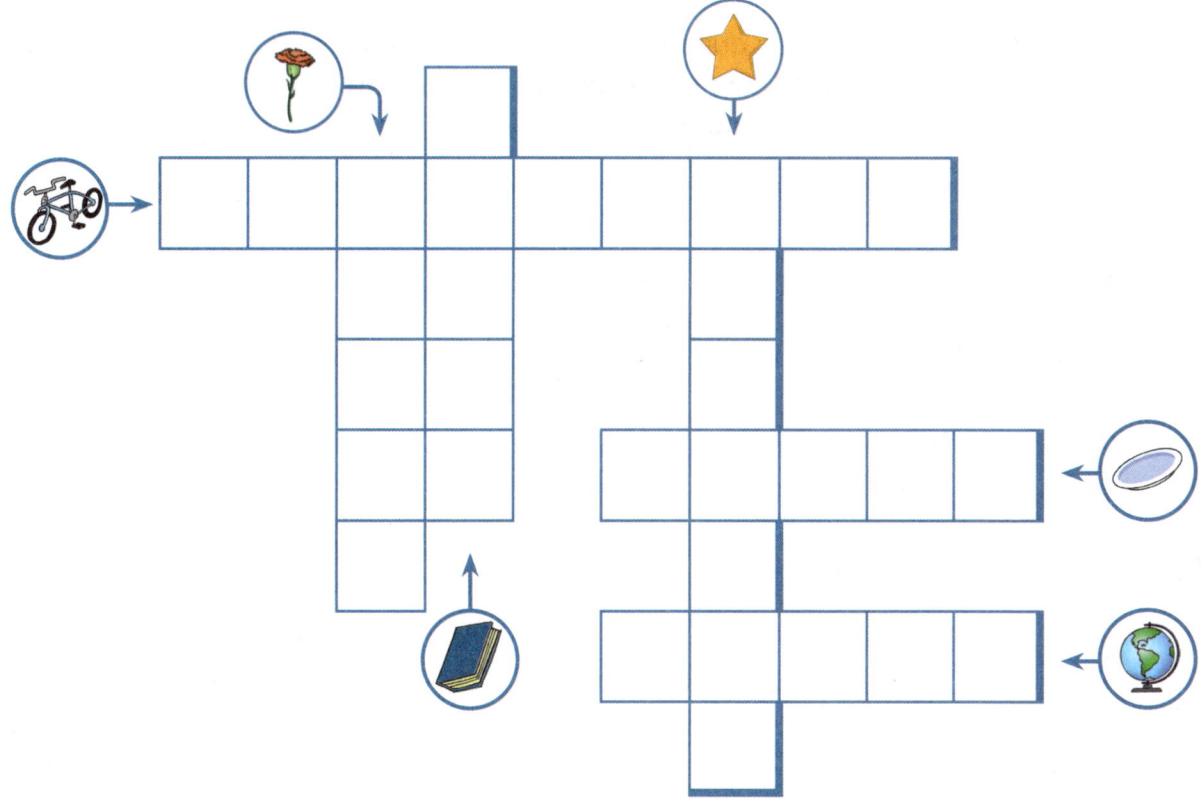

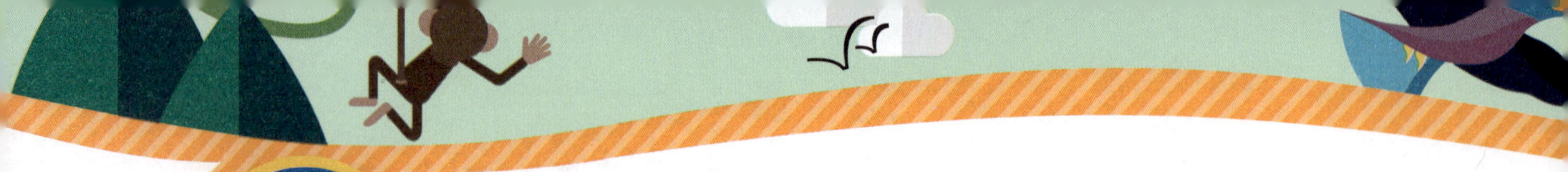

LIÇÃO 8 Dígrafo

Observe.

coelho	leque	carro

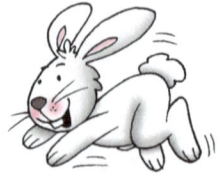

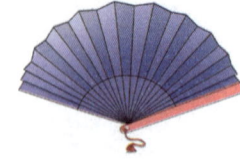

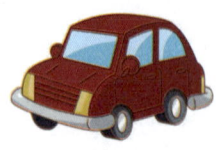

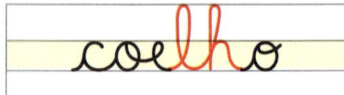

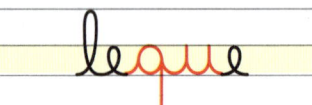

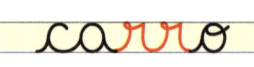

Nas palavras **coelho**, **leque** e **carro** há dígrafo.

> **Dígrafo** é a reunião de duas letras que representam um só som.
> Os principais dígrafos são: **ss**, **rr**, **ch**, **lh**, **nh**, **gu** e **qu**.
> Também há os dígrafos **sc**, **sç** e **xc**.

ATIVIDADES

1 Copie as palavras duas vezes.

ss osso

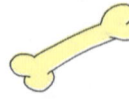

rr cachorro

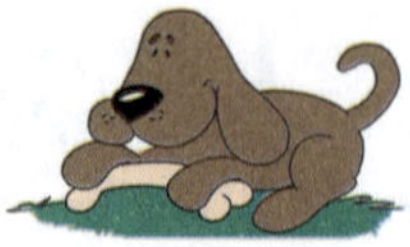

ch chave

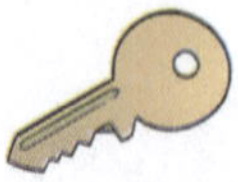

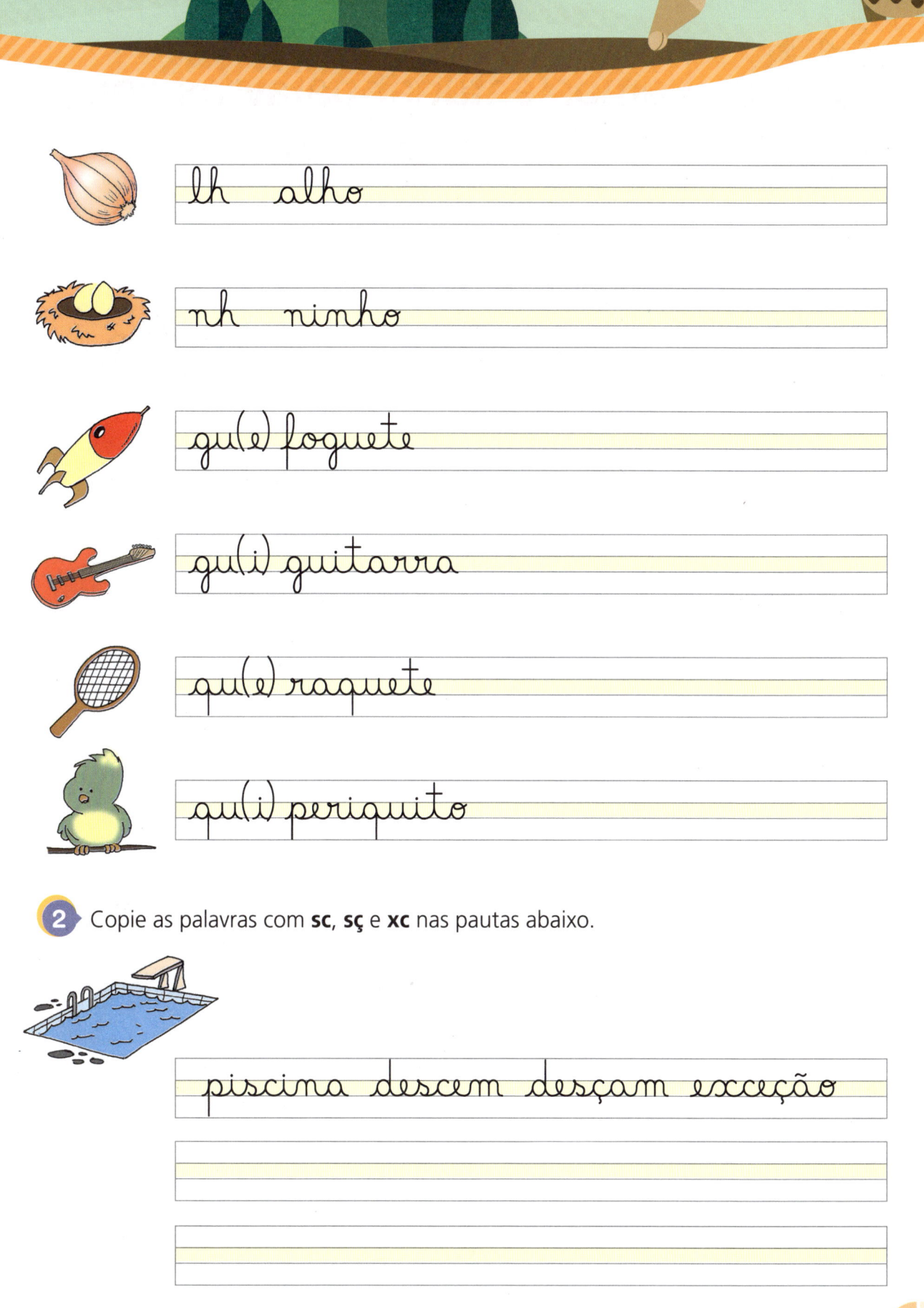

lh alho

nh ninho

gu(e) foguete

gu(i) guitarra

gu(e) raquete

gu(i) periquito

2 Copie as palavras com **sc**, **sç** e **xc** nas pautas abaixo.

piscina descem desçam exceção

LIÇÃO 9
Vamos estudar palavras com os dígrafos ch, lh e nh

Observe.

chaleira   *abelha*   *aranha*

Nas palavras **chaleira**, **abelha** e **aranha** há dígrafo.

 **ATIVIDADES**

1 Complete as frases com o nome do desenho correspondente.

O _____ gosta de cenoura.

A menina come muito _____

A _____ está no quintal.

2 Descubra os nomes usando os códigos.

a = 1	e = 2	lho = 3	be = 4
mi = 5	lha = 6	co = 7	i = 8

1 – 4 – 6

5 – 3

7 – 2 – 3

5 – 6

1 – 3

8 – 6

3 Separe as sílabas das palavras.

dinheiro

rainha

machucado

chupeta

4 Substitua o ★ por **cha**, **che**, **chi**, **cho** ou **chu**, formando palavras.

★ ve   pran ★   ★ ruto   ★ gar   ★ rrasco

★ cória   ★ lé   ★ viscar   re ★ io   ★ tar

ro ★   ★ va   fle ★   ran ★   pon ★

LIÇÃO 10 — Palavras com h inicial

Observe.

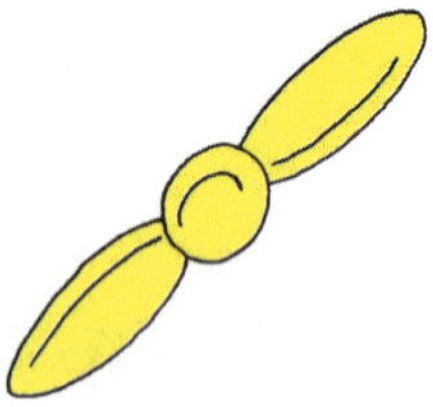

harpa   hélice   homem

ATIVIDADES

1 Separe as sílabas das palavras.

hidrogênio   horizonte

hesitar   humilde

2 Complete com **ditongo** ou **hiato**.

Na palavra higiene há
Na palavra herói há

Na palavra herdeiro há

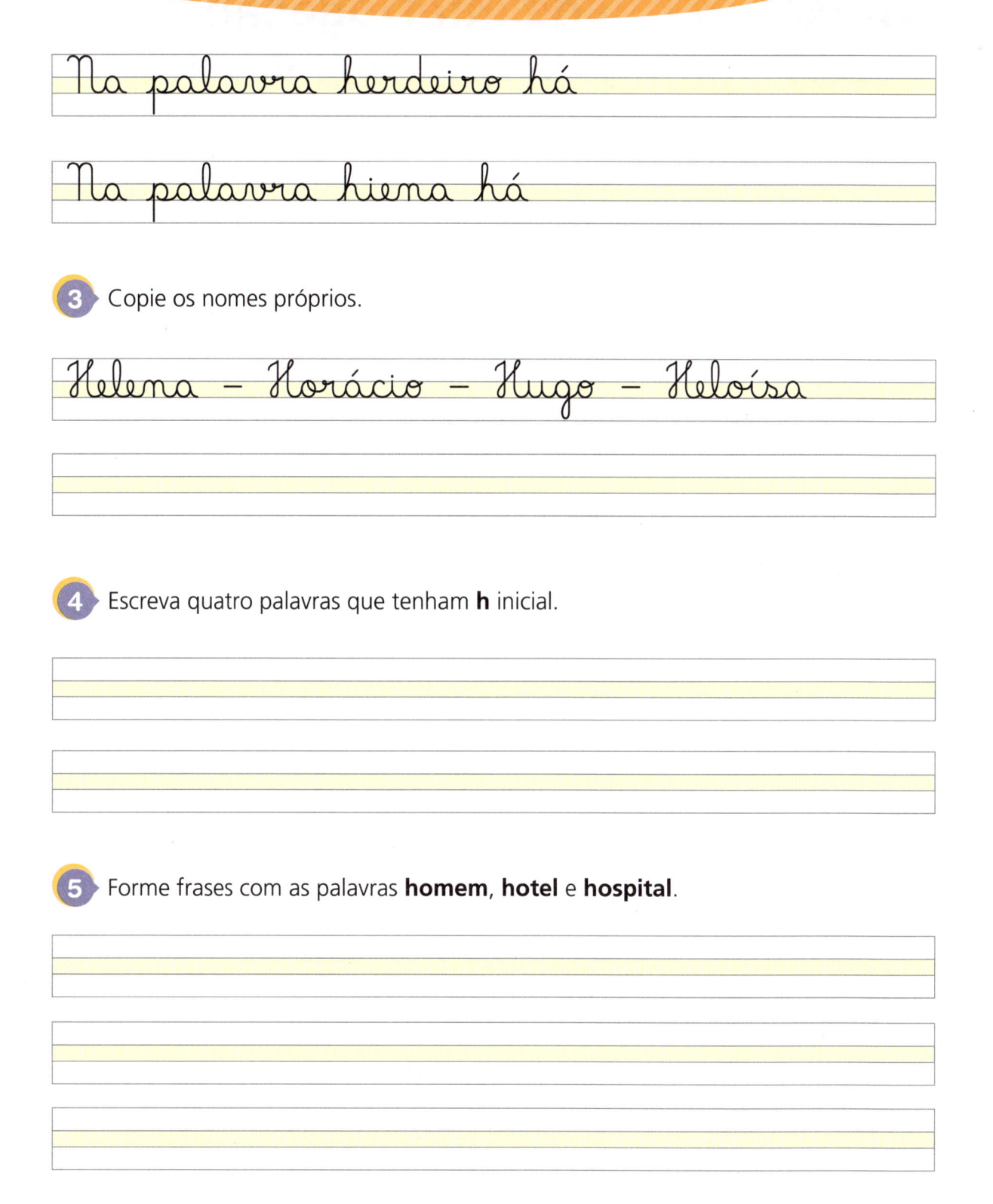

Na palavra hiena há

3 Copie os nomes próprios.

Helena – Horácio – Hugo – Heloísa

4 Escreva quatro palavras que tenham **h** inicial.

5 Forme frases com as palavras **homem**, **hotel** e **hospital**.

LIÇÃO 11
Ponto de interrogação ?, ponto de exclamação ! e reticências ...

ATIVIDADES

1 Copie as frases interrogativas.

Quem está aí?

Qual é o seu nome?

Quantos alunos chegaram?

2 Copie as frases exclamativas.

Como está quente!

Que lindo dia!

Quantas aves alcançaram a árvore!

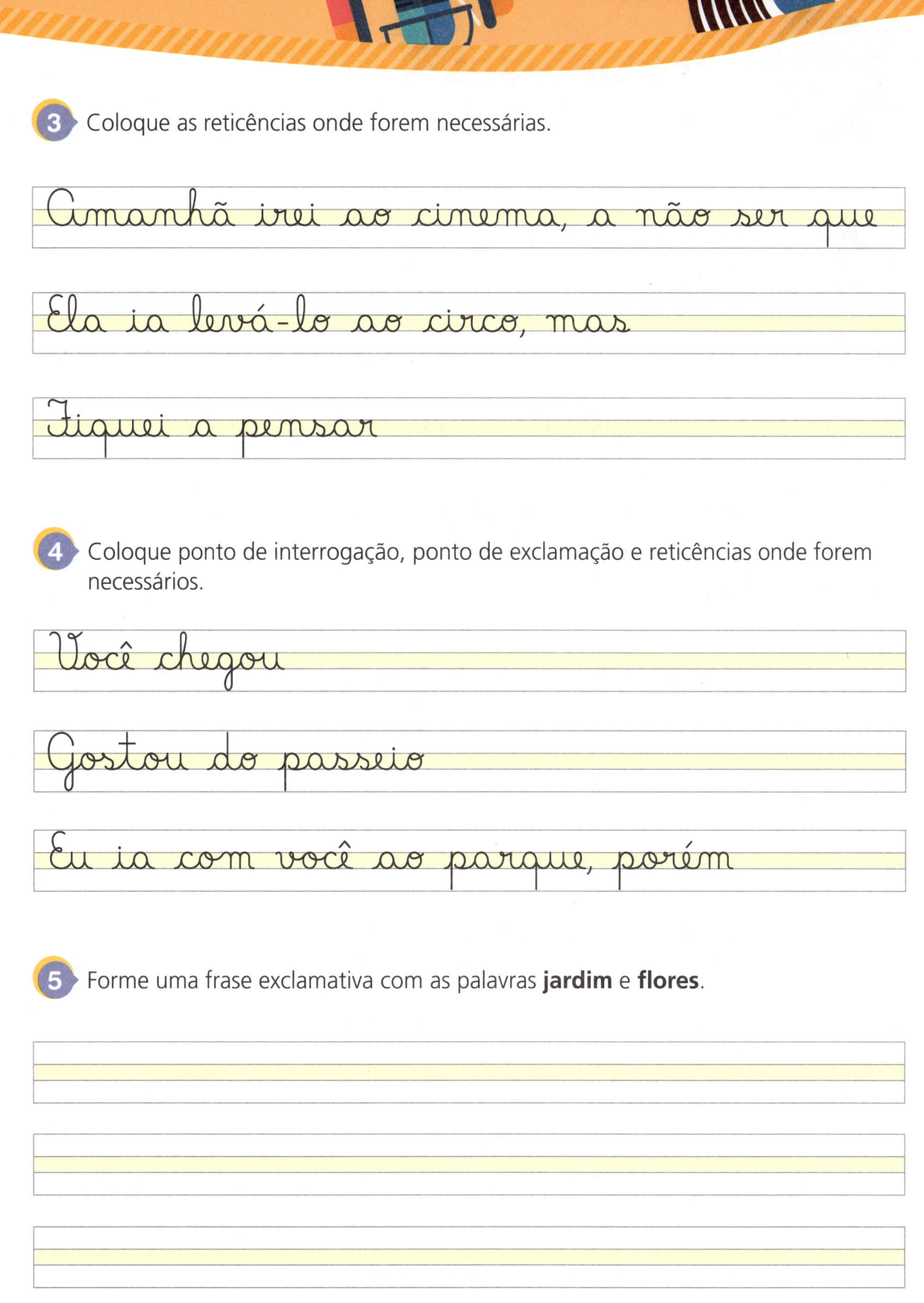

3 Coloque as reticências onde forem necessárias.

Amanhã irei ao cinema, a não ser que

Ela ia levá-lo ao circo, mas

Fiquei a pensar

4 Coloque ponto de interrogação, ponto de exclamação e reticências onde forem necessários.

Você chegou

Gostou do passeio

Eu ia com você ao parque, porém

5 Forme uma frase exclamativa com as palavras **jardim** e **flores**.

LIÇÃO 12 — Parênteses ( ), aspas " " e travessão —

ATIVIDADES

1 Coloque os parênteses onde forem necessários.

O irmão de papai meu tio já chegou.

Falei todos escutaram tudo o que eu queria.

Os gritos altos de alguém, é lógico acordaram o nenê.

2 Coloque as aspas onde forem necessárias.

Nana, nenê é uma cantiga de ninar.

Na bandeira do Brasil está escrito Ordem e Progresso.

A princesa Isabel, a Redentora, libertou os escravizados no Brasil.

Diálogo é a conversa entre dois ou mais personagens, que expressam suas ideias sobre alguma coisa.

Observe que, cada vez que um personagem fala, usa-se o travessão.

– O **travessão** é usado nos diálogos para indicar mudança de interlocutor ou para destacar partes da frase.

ATIVIDADES

1 Leia o diálogo entre a mãe e o filho.

2 Copie o diálogo dos balões, seguindo a ordem da conversa (não se esqueça do travessão).

LIÇÃO 13 — Palavras escritas com ce e com ci

Observe.

cebola

bacia

ATIVIDADES

1 Leia as palavras.

> cenoura – cedo – cego – cela – foice – cebola – cetim – cédula – ceia – coice
> Celina – cegueira – Célia – cidade – bacia – cinema – macio – circo – oficina
> céu – cigano – cigarra – delícia – cintura

2 Copie, da lista acima, quatro palavras com:

ce

ci

Emprego do ç

3 Leia algumas palavras escritas com **ç**:

sumiço – bagunça – almoço – dança – paçoca – intenção
terço – laço – maçã – seção – suíço – começo – açude – açúcar
açougue – caçula – cansaço – berço – caçar – caçarola

4 Copie, da lista anterior, dez palavras com **ç**.

Lição 14

Sinais gráficos

Vamos conhecer os sinais gráficos.

 chap**é**u – acento agudo

> O **acento agudo** indica a pronúncia aberta da vogal.

- Complete.

O acento agudo

 beb**ê** – acento circunflexo

> O **acento circunflexo** indica a pronúncia fechada da vogal.

- Complete.

O acento circunflexo

pião – til ~

> O **til** colocado sobre as vogais "a" e "o" indica som nasal.

- Complete.

O til colocado

> O **acento grave** ` é usado para indicar a crase da preposição **a** com o artigo **a(as)** e com os pronomes demonstrativos **a**, **as**, **aquele**, **aquela**, **aqueles**, **aquelas** e **aquilo**.
> **a** (artigo) + (preposição) = **à**
> **a** (preposição) + **aquele** (pronome) = **àquele**
> **a** (preposição) + **aquela** (pronome) = **àquela**
> **a** (preposição) + **aquilo** (pronome) = **àquilo**

- Complete.

O acento grave

laço – cedilha ç

> A **cedilha** dá ao **c** o som de **ss**. Pode ser usada antes das vogais **a**, **o** ou **u**, mas não em começo de palavra nem antes das letras **e**, **i**.

- Complete.

A cedilha dá

---

estrela-d'alva – apóstrofo (')

> O **apóstrofo** indica a supressão de uma vogal.

Exemplos: pau-d'alho (pau-de-alho), d'água (de água).

- Complete.

O apóstrofo indica

---

bem-te-vi – hífen (-)

> O **hífen** é usado para unir os termos de palavras compostas, para separar sílabas e para ligar os pronomes aos verbos.

- Complete.

O hífen é usado para

- Copie.

a) *bem-estar*

b) *comprá-lo*

CALIGRAFIA

c) vice-rei

d) vendê-lo

e) senti-o

ATIVIDADES

1 Acentue adequadamente as palavras.

onibus, cafe, sauva, voce, mes, orfao, rapido, ipe, genio, tabua, timido.

2 Una corretamente as palavras usando o hífen.

beija + flor

boa + fé

obra + prima

tico + tico

porta + luvas

arco + íris

3 Coloque til nas palavras.

mamao   maça   baloes

4 Coloque a cedilha nas palavras.

lacada   acude   traco

LIÇÃO 15

Palavras com s inicial, s pós-vocálico e ss

Observe.

| sino | mosca | pássaro |

ATIVIDADES

1 Separe as sílabas das palavras com **ss**.

vassoura

brússola

missa

pessoa

nossa

osso

voasse

pêssego

2 Complete as frases com o nome do desenho correspondente.

Meu irmão dorme no

Sílvia tem medo do

A _____ está quebrada.

O _____ de Sara é bonito.

3 Modifique a palavra e encontre seu antônimo. Observe os exemplos.

honesto: **des**onesto

fazer:

gosto:

aparecidos:

apertar:

abotoar:

feliz: infeliz

satisfeito:

sensível:

adiável:

sucesso:

grato:

4 Copie do texto as palavras com **s** inicial, **s** pós-vocálico e **ss**.

s inicial

s pós-vocálico

ss

LIÇÃO 16

Palavras com s (som de z) e palavras com z

Observe.

s som de **z**   com **z**

vaso  — besouro  — zebra  — buzina

ATIVIDADES

1 Complete as frases a seguir com as palavras do quadro.

azulejo – guloso – batizado – tesoura

Renato é _____

Cortei o papel com a _____

O _____ está quebrado.

Meu irmão foi _____

2 Substitua as palavras em destaque pelo antônimo correspondente.

a) O menino ficou muito **triste** e **quieto**.

b) Esta casa é **pequena** e **desagradável**.

c) A visita foi em um **dia frio**.

3 Leia as palavras a seguir.

> mesa – casaco – camisa – besouro – caso – bisavô – risada
> corajoso – liso – sorriso – música – gasolina – zelo
> azedo – beleza – zona – dúzia – moleza – azeite – juízo
> vazio – azulão – azeitona – azarado

- Agora, copie cinco palavras com **s** (com som de **z**).

- Copie cinco palavras com **z**.

CALIGRAFIA

LIÇÃO 17 — Emprego de ge, gi / je, ji

Observe.

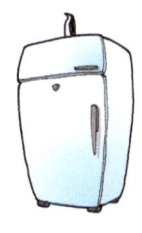

geladeira   girassol   berinjela   jiboia

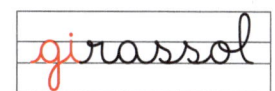

ATIVIDADE

Observe o quadro com algumas palavras escritas com **g** e **j**.

jiló – agir – gorjeta – dirigir – cerejeira – rabugento – hoje – fingir – jeitoso – girafa
berinjela – tangerina – jejum – vagem – viajem (do verbo viajar) – canjica – tigela
desajeitado – estrangeiro – jiu-jítsu – sujeira – fugia – jirau – vigia

Agora, copie três palavras com:

ge

gi

je

ji

LIÇÃO 18

Palavras terminadas em -oso e -osa e emprego do -am e -ão

Observe.

A flor é cheirosa.

ATIVIDADES

1 Leia as palavras.

> caridoso – orgulhoso – corajoso – carinhoso – amorosa – ocioso – saborosa
> saudosa – luminoso – maldosa – mentirosa – piedosa – vaidoso
> trabalhoso – engenhoso – guloso

2 Copie cinco palavras terminadas em **-oso** e cinco palavras terminadas em **-osa**.

-oso:

-osa:

3 Escreva a palavra primitiva. Veja o modelo.

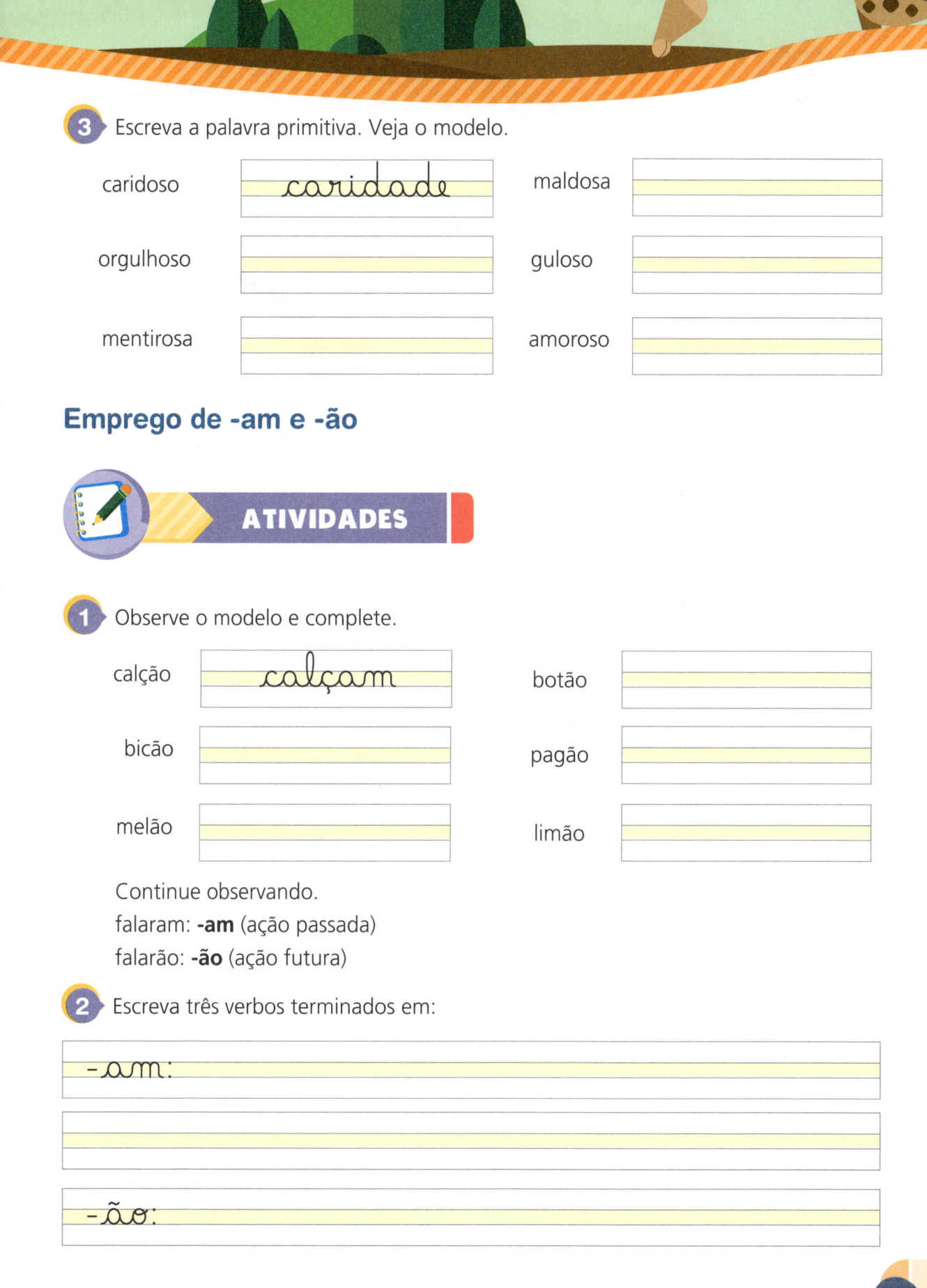

caridoso — *caridade*

maldosa —

orgulhoso —

guloso —

mentirosa —

amoroso —

Emprego de -am e -ão

ATIVIDADES

1 Observe o modelo e complete.

calção — *calçam*

botão —

bicão —

pagão —

melão —

limão —

Continue observando.
falaram: **-am** (ação passada)
falarão: **-ão** (ação futura)

2 Escreva três verbos terminados em:

-am:

-ão:

LIÇÃO 19 — Palavras com gue e gui

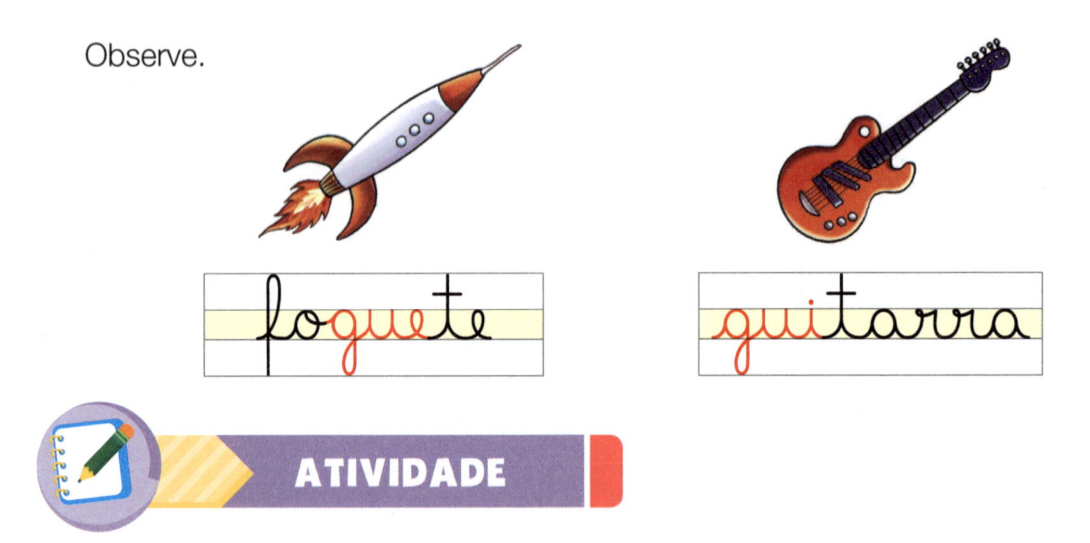

Observe.

foguete

guitarra

ATIVIDADE

Copie nas colunas correspondentes as palavras abaixo.

sangue – guitarra – açougue – guerra – seguida
foguete – guindaste – guizo – caranguejo – guisado

gue	gui

48 CALIGRAFIA

LIÇÃO 20 — Palavras com que e qui

Observe.

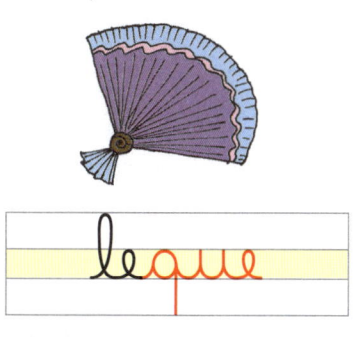

leque   caqui

ATIVIDADES

1. Veja a seguir algumas palavras escritas com **que** e **qui**:

> queijo – Quitéria – quinzena – quiabo – queijadinha – querida
> quinze – caqui – quente – queixo – aquela – quitute – quibe
> quintal – máquina – quindim – quirera – quitanda – líquido

2. Da relação apresentada, copie cinco palavras com:

que:

qui:

LIÇÃO 21 — Palavras com qua e gua

Observe.

aquário

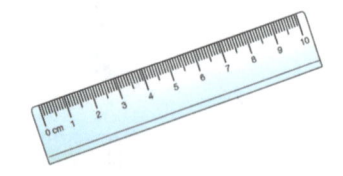

régua

ATIVIDADES

1 Leia a seguir algumas palavras escritas com **qua** e **gua**.

taquara – aquarela – guarda – guaraná – água – guarani
quando – égua – qualidade – quartel – língua – quati

2 Da relação apresentada, copie cinco palavras com:

qua:

gua:

LIÇÃO 22

Palavras com sc

Observe.

piscina

ATIVIDADES

1 Leia algumas palavras escritas com **sc**.

acrescentar – acréscimo – adolescência – ascender (subir) – ascensão
ascensorista – crescer – crescente – crescimento – consciência – descender
descer – disciplina – discípulo – fascinar – fascinação – indisciplina
nascer – piscina – rejuvenescer – ressuscitar – seiscentos

2 Da relação apresentada, copie dez palavras.

3 Forme palavras e, depois, escreva-as.

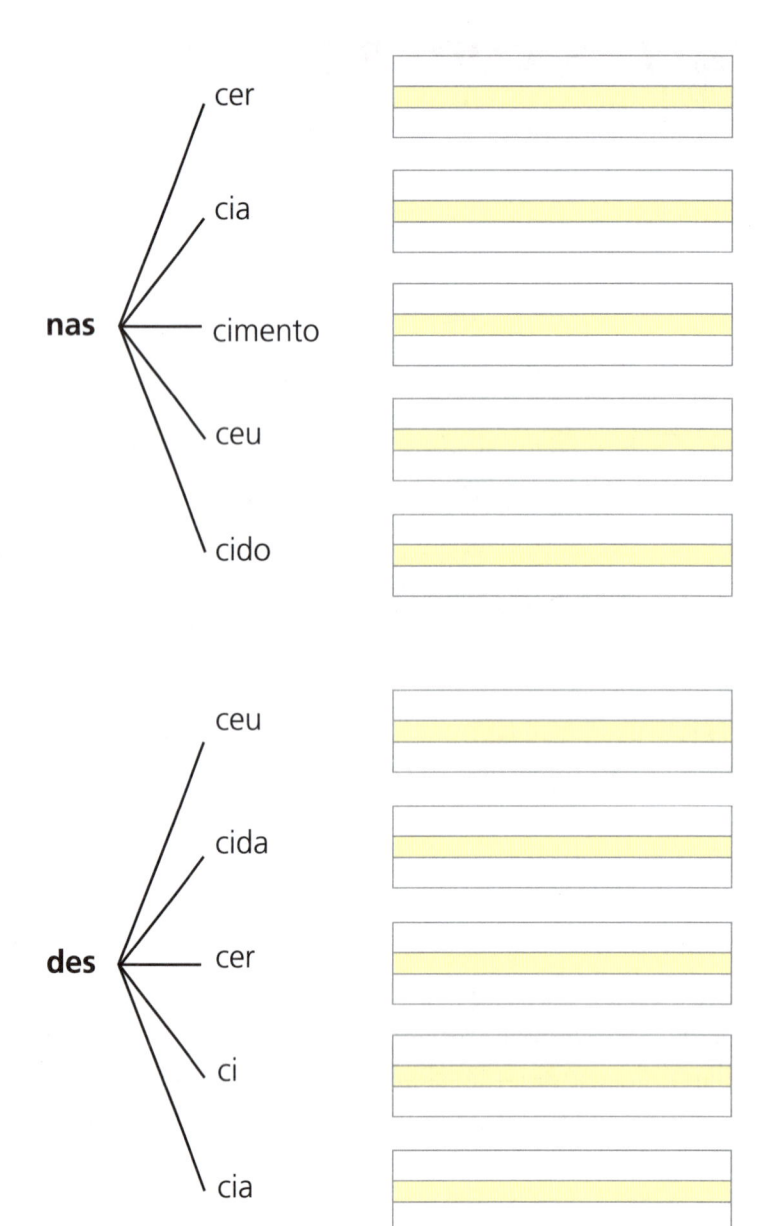

- nas
  - cer
  - cia
  - cimento
  - ceu
  - cido

- des
  - ceu
  - cida
  - cer
  - ci
  - cia

4 Separe as sílabas das palavras.

piscina

disciplina

LIÇÃO 23 — Palavras com ditongo

Observe.

jiboia

ATIVIDADES

1 Leia as palavras.

chapéu – véu – céu – fogaréu – ilhéu – papéis – tonéis – anéis – ideia
estreia – sóis – lençóis – anzóis – herói – Niterói – destrói – tipoia – constrói

2 Copie todas as palavras do quadro acima.

Observe.

agência

ATIVIDADES

1 Leia as palavras.

oxigênio – ânsia – tênue – hortênsia – paciência – impaciência – experiência
ciências – substância – abundância – aparência – insistência – carência
constância – crânio – agência

2 Copie oito palavras da lista acima.

LIÇÃO 24

Palavras escritas com l e com u

Observe.

calça *automóvel*

ATIVIDADES

1 Leia a lista de palavras abaixo.

> futebol – pneu – pincel – pernil – reunião – astronauta
> sorriu – azul – funil – cenoura – balde – anel – Natal
> olfato – barril – curau – anzol – mingau – alfaiate – Europa

2 Copie da lista acima três palavras com:

au:

ol:

eu:

il:

LIÇÃO 25 — Palavras com cl

Observe.

bicicleta

motocicleta

ATIVIDADES

1 Leia a lista de palavras com **cl**.

Cláudio – clube – cloro – Clélia – bicicleta
clavícula – clarim – clarineta – Clara – ciclista
ciclo – chiclete – clima – classe – aclamar

2 Escreva nas linhas abaixo dez palavras com **cl**.

Emprego do til: ditongo nasal

Observe.

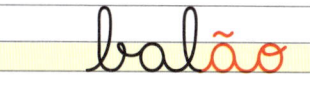

balão

ATIVIDADES

1 Leia as palavras.

> violão – apresentação – balão – escovão – salão – pensão
> macarrão – botões – balões – cordões – talões – aviões
> regiões – pães – mãe – mãos – cidadãos – órfãos

2 Copie, da lista acima, dez palavras com ditongo nasal.

LIÇÃO 26 — Palavras escritas com e com som de i

Observe.

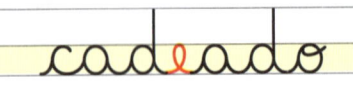

cadeado

ATIVIDADES

1 Leia as palavras.

> aéreo – despencar – despencou – descolar – senão
> arrepio – arrepiar – mexerica – mexerico – quase – cadeado –
> demissão – seringa

2 Copie as palavras do quadro acima.

LIÇÃO 27 — Palavras com u e não com o

Observe.

jabuti

ATIVIDADES

1 Leia as palavras.

abriu – cutia – légua – supetão – amuleto – cutucão – muleta – tábua – bueiro
entupir – pirulito – tabuada – bulir – futebol – rebuliço – tabuleiro – camundongo
jabuti – régua – taturana – jabuticaba – juazeiro – véu

2 Copie dez palavras da lista acima.

3 Leia as palavras.

> mochila – lombriga – abotoar – abotoadura
> moer – moela – magoar – moleque

4 Copie as palavras do quadro acima.

5 Forme frases com as palavras **moleque** e **mochila**.

LIÇÃO 28 — Palavras escritas com li e som de lh

Observe.

mobília

ATIVIDADES

1 Leia as palavras.

família – familiar – Emília – Emílio – mobília – mobiliado
Júlia – sandália – auxílio – auxiliar – Amélia

2 Copie as palavras do quadro acima.

LIÇÃO 29
Emprego das palavras traz e atrás

Ele **traz** a roupa – traz (verbo trazer)
Ele ficou **atrás** de você – atrás (lugar)

ATIVIDADES

1 Complete as frases com as palavras **traz** e **atrás**.

O carteiro _____ a correspondência.

Sento _____ de você.

Correu _____ do menino.

Paulo sempre _____ um bom lanche.

Mamãe _____ pastel da feira para mim.

2 Contorne as sílabas que formam o nome de cada desenho. Escreva esse nome e, com as sílabas que sobram, forme outro nome.

ca – ça – cal – sa – mi

ca – ra – gi – va – fa – lo

bor – a – be – bo – lha – ta – le

pas – vo – ri – sa – re – ár – nho

3 Leia o texto.

A história do urso

O menino era inteligentíssimo. Quis me fazer várias de suas brincadeiras. Propôs-me um teste que ele havia ouvido não sei onde:

– Doutor, um caçador tem que matar um urso branco e um urso preto. Ele, para matar o urso branco, precisa gastar uma bala e para matar o preto, duas.

– Sim. E daí?

– Daí acontece que ele se enganou. Matou o urso branco com dois tiros, e, quando apareceu o urso preto, ele só tinha uma bala. O que foi que ele fez?

– Não sei.

– É fácil. Ele se escondeu atrás de uma árvore; quando o urso preto apareceu, ele soltou um berro. O urso preto ficou branco de susto e ele matou com um só tiro. Viu?

Pedro Bloch.
Criança diz cada uma!
Rio de Janeiro: Edições Bloch.

4 O menino era inteligentíssimo. Copie o teste que o menino propôs ao médico.

5 Responda:

a) O caçador enganou-se e o que aconteceu?

LIÇÃO 30

Palavras homófonas

ATIVIDADE

Complete as frases adequadamente com:

- **mais** (equivalente a quantidade) ou **mas** (equivalente a porém).

Chegou cedo, _____ saiu logo.

Paulo é moreno, _____ sua irmã é loira.

Meu pai é _____ gordo que minha mãe.

Ela correu, _____ não me alcançou.

Quero comer _____ doce.

- **pôr** (verbo) ou **por** (preposição).

Vou _____ o casaco.

Não vá _____ aí, pois é perigoso.

A notícia foi dada _____ mim.

Papai foi _____ o carro na garagem.

Vá _____ este caminho _____ gasolina no carro.

- **cesta** (caixa) ou **sexta** (número ordinal).

O gato escondeu-se dentro da _____.

Denise foi a _____ colocada no campeonato de natação.

Toda _____-feira vou ao clube.

Minha mãe coloca a roupa para lavar na _____.

A _____ está cheia de frutas maduras.

- **mal** (advérbio) ou **mau** (adjetivo).

O exercício está _____ feito.

José é um _____ jogador.

Ele _____ chegou, já começou a brigar.

Foi _____ na prova.

Aquele homem é muito _____.

Ricardo jogou _____.

Mariana leu a história do lobo _____.

LIÇÃO 31 — Os cinco sons do x

ATIVIDADES

1 Copie as palavras que têm **x** com som de **ch**.

caixa	ameixa
xícara	peixe

abacaxi

2 Copie as palavras que têm **x** com som de **z**.

exemplo	exame
exato	exibir

exército

3 Copie as palavras que têm **x** com som de **s**.

| exposição | extra |
| sexta | extintor |

próximo

4 Copie as palavras que têm **x** com som de **ss**.

próximo   auxílio   trouxe   máximo

5 Copie as palavras que têm **x** com som de **cs**.

| saxofone | crucifixo |

táxi   fixo

6 No caça-palavras encontre as palavras:

> boxe – xadrez – ameixa – exército – auxílio – enxame
> máximo – texto – saxofone – pirex

j	b	o	x	e	i	o	p	a	f	t	c
v	l	à	e	e	x	é	r	c	i	t	o
x	m	t	e	n	x	a	m	e	h	t	f
a	m	e	i	x	a	a	p	i	r	e	x
d	é	x	m	á	x	i	m	o	y	i	u
r	t	t	s	d	u	r	a	x	u	í	p
e	g	o	q	a	u	x	í	l	i	o	n
z	n	b	d	s	a	x	o	f	o	n	e

7 Agora copie as palavras que você encontrou no caça-palavras.

LIÇÃO 32

Contando de 1000 em 1000

Observe o modelo e complete.

1 milhar = 1000 unidades → mil

2 milhares = 2000 unidades →

3 milhares = _____ unidades →

4 milhares = _____ unidades →

5 milhares = _____ unidades →

6 milhares = _____ unidades →

7 milhares = _____ unidades →

8 milhares = _____ unidades →

9 milhares = _____ unidades →

10 milhares = _____ unidades →

LIÇÃO 33 — Números ordinais

FIQUEI EM DÉCIMO LUGAR NAS PROVAS.

O numeral ordinal indica **ordem**.
Observe e complete.

1º → primeiro	1º →
2º → segundo	2º →
3º → terceiro	3º →
4º → quarto	4º →
5º → quinto	5º →
6º → sexto	6º →
7º → sétimo	7º →
8º → oitavo	8º →
9º → nono	9º →

10º → décimo	10º →
20º → vigésimo	20º →
30º → trigésimo	30º →
40º → quadragésimo	40º →
50º → quinquagésimo	50º →
60º → sexagésimo	60º →
70º → septuagésimo	70º →
80º → octogésimo	80º →
90º → nonagésimo	90º →
100º → centésimo	100º →